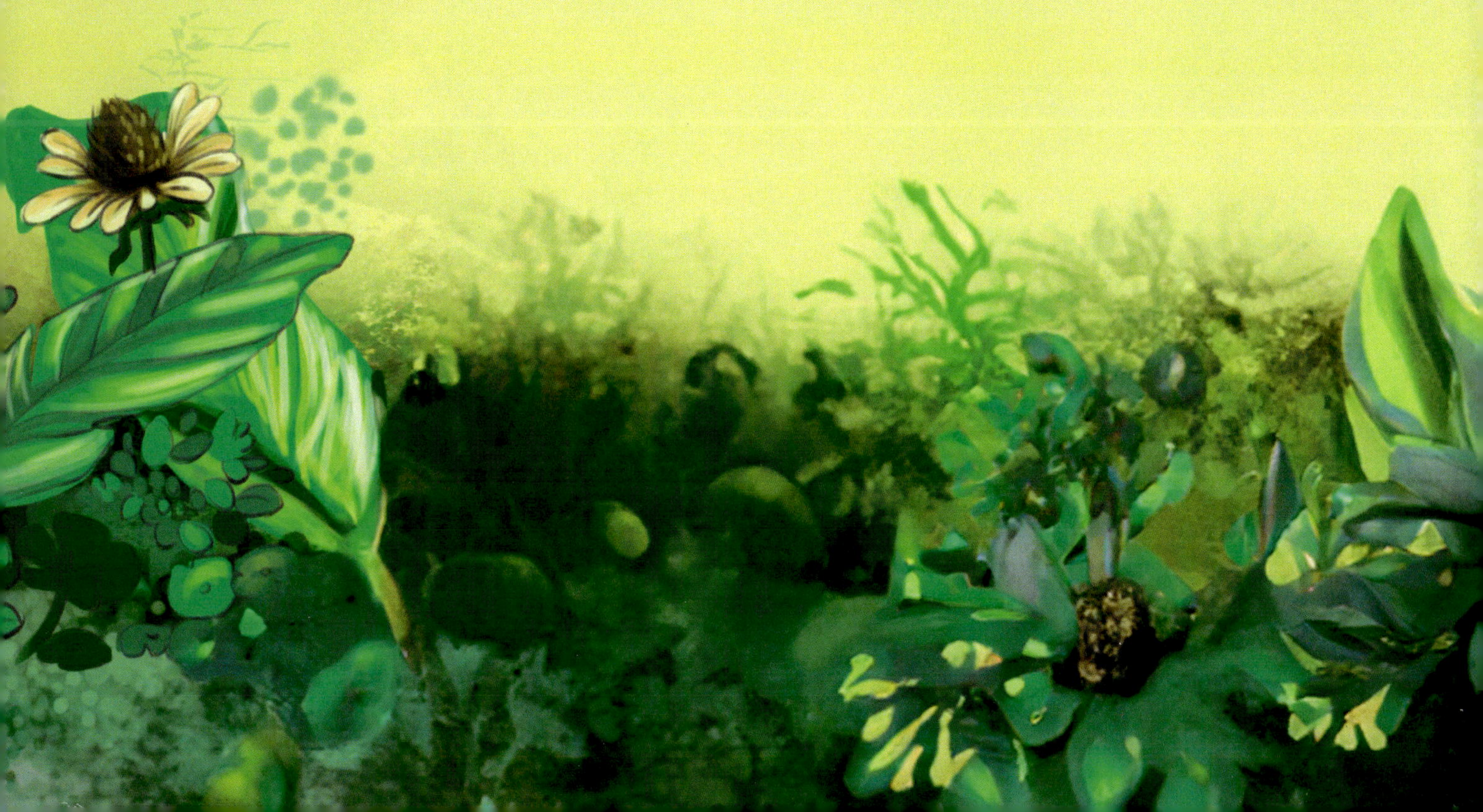

Una niña y sus dos primos descubren un misterioso

baúl que esconde un portal a un universo paralelo. Aventurándose más allá de lo imaginable, se encuentran en un mundo donde todo es supuestamente ideal, pero pronto descubren que la perfección tiene su sombra. Tomando valientes decisiones, se enfrentarán a seres ideales para regresar a nuestro mundo, con un valioso aprendizaje sobre la familia, la valentía y el carácter ideológico de la perfección.

Valores Implícitos

La historia resalta la importancia de la familia, la honestidad y el valor frente a las adversidades. Enseña a cuestionar las nociones de perfección y a valorar las imperfecciones que nos hacen personas únicas. También ayuda a procesar el duelo ante la partida de familiares cercanos y a derribar los muros del pensamiento único respecto a las creencias.

Por el derecho de las niñas y los niños
a que les traten como iguales;
a la libertad para pensar, hablar y decidir;
al libre desenvolvimiento de su personalidad;
a no sufrir discriminación ni tratos crueles;
a moverse libremente y vivir con bienestar;
a que se respete su individualidad;
a trabajar estudiando;
a una cultura propia;
a jugar, crecer y divertirse;
a un planeta limpio;
a una enseñanza liberadora;
a recibir protección en caso de violencia;
a un conocimiento adecuado y oportuno
sobre sexualidades;
a vivir felices porque son libres.

Aventura en el baúl del abuelo

© del texto: José Contreras-Quintero
© de las ilustraciones: Edwin Daboin
© del diseño y corrección: Equipo BABIDI-BÚ

© de esta edición:
Editorial BABIDI-BÚ, 2024
Avda. San Francisco Javier, 9, 6ª, 23
Edificio Sevilla 2
41018 - SEVILLA
Tlfn: 912.665.684
info@babidibulibros.com
www.babidibulibros.com

Impreso en España
Primera edición: noviembre, 2024

ISBN: 978-84-10412-48-4
Depósito Legal: SE 1905-2024

Aventura
en el
baúl del abuelo

Ilustrado por Edwin Daboin

José Contreras-Quintero

Hoy me contó mamá que los regalos del Niño Jesús en realidad los compran ella, mi papá y, a veces, también la abuela. Eso me puso mal, así que fui con mis primos para distraerme.

—¿Usted no sabía? —me preguntó Ale.

—No. ¿Ustedes sí?

—Sí. Nunca nos dijeron que eran regalos de Jesús —explicó Nacho—, porque si Jesús está en el cielo, debe ser un viejo de dos mil años. Bueno, eso decía mi abuelo Patro… —suspiró mirando hacia los lados porque el abuelo, que era mi tío, murió de pronto hace poco y todavía llorábamos por él.

—¿Y usted está triste por eso? —retomó Ale.

—Pues, no porque sea mentira que Jesús nos trae regalos —le dije—, sino porque mamá, papá y hasta mi abuela me decían mentiras. Hicieron que escribiera cartas contando cómo me había portado, las tienen todas guardadas. Estoy más bien brava.

—Pero, Naomi, ¿cómo iba a leer sus cartas el Niño Jesús si es un bebé? —agregó Ale, y de una solté la carcajada.

Con este asunto empecé a darme cuenta de que hay muchas cosas que parecen obvias, pero por alguna razón no somos capaces de ponerlas en duda, especialmente cuando nuestras madres, nuestros padres o familiares nos dan alguna explicación. Sentí que las familias solo repiten las costumbres sin pensar.

—Sí, bueno —proseguí—. Muchas veces hacía algo malo y me daba miedo imaginar que el Niño Jesús se enterara. De paso, mi abuela dice que Dios nos mira todo el tiempo.

—Uy, sí, a mí también me dan miedo esas cosas —agregó Nacho—. Si se va la luz salgo corriendo, porque no quiero estar solo: me da nervios sentir que me miran.

—Pero, Nacho —dije riendo—: ¡Dios nos puede ver siempre, haya o no haya luz!

Entre las mamás, los papás, las abuelas, los abuelos y Dios parecía que no teníamos un lugar donde pudiéramos estar sin vigilancia. A veces me provocaba escapar a algún sitio donde las niñas pudiéramos vivir sin miedo.

—Mi tío Nene dice que nada de eso es verdad —puntualizó Ale—. Yo no estoy seguro de nada, porque casi toda la gente que conocemos cree en todo eso, pero nunca hemos visto que pasen cosas mágicas, así como que el Niño Jesús, San Nicolás, los Reyes Magos, una bruja o los duendes entren a la casa y dejen algo. De paso, casi todos los juguetes dicen: «¡Hecho en China!» —cerró sarcástico.

—¡Epa, epa! —irrumpió Nacho—, mi abuelo también tenía las cartas que mi papá y mi tío le escribían al Niño Jesús. Las guardaba con todas sus cosas valiosas en el baúl que está en el cuarto. ¿Vamos a ver?

Salimos corriendo al cuarto de mi tía, nos acercamos al baúl: «Daranta», nombre que apenas se leía en una plaquita metálica que tenía pegada sobre el borde frontal, con dibujos raros como figuras geométricas borrosas.

Mi tío Patro hizo el baúl de madera cuando era joven, dijo que para guardar cosas importantes, y también les dijo a los muchachos que el baúl sería de ellos cuando él ya no estuviera. Ale buscó las llaves para abrir los dos candados que protegían los secretos, los recuerdos, las alegrías y las tristezas guardadas en el baúl por el abuelo.

Fuimos sacando las cosas y poniéndolas sobre la enorme cama de mi tía Cali: juguetes viejos; cofrecitos con pulseras, collares y anillos de oro cochano; las yuntas de esmeralda que se puso el abuelo en su boda, y las arras de plata que le entregó a la tía Cali; dientes de leche, tarjetas del día del padre y las cartas al Niño Jesús.

Tras leer las cartas de mis tíos, que no contenían nada distinto al lugar común: «Querido Niño Jesús, me he portado bien, quiero que me traigas…», nos pusimos a revisar las carpetas amarillentas con documentos importantes, algunos escritos a mano, que nos daban más curiosidad. Fue entonces cuando escuchamos cómo un escurrir de agua que venía del baúl.

Sacamos el resto de las cosas, y mayor fue nuestra sorpresa al ver que en el fondo del baúl había agua, pero no un poco de agua estancada, como si alguien la hubiera echado allí, sino agua corriente y oscura, como el fondo de un cuerpo mayor, como un río o una laguna del páramo.

Queríamos tocarla, pero el miedo nos frenaba. Cerramos la puerta del cuarto, no fuese que llegara alguna persona adulta y nos privara del descubrimiento.

—¿Quién mete la mano? —pregunté.

Ale tocó el agua con la punta de los dedos.

—Se siente como agua normal —informó.

Así que fuimos metiendo los dedos, luego las manos, hasta relajarnos y terminar salpicando el cuarto de la tía, echándonos agua en la cara.

—¡Esto es una cosa muy loca! —dijo Nacho, luego de revisar por debajo del baúl, separado del piso por sus ruedas giratorias, comprobando que el fondo de madera estaba seco y en su lugar—. Mejor metamos todo otra vez y cerremos el baúl, que me da miedo. —Y arrojó un muñeco tuerto de entre los juguetes viejos que el abuelo había guardado.

«¡Plup!», el muñeco cayó al agua y desapareció. En ese momento nos miramos las caras, no podíamos contener las emociones: Nacho temblaba de escalofrío, los ojos de Ale se explayaron como unos huevos fritos, y yo toda con piel de gallina. Ya era inevitable: teníamos que descubrir lo que había en el fondo del baúl.

Nacho era el indicado para probar qué tan profunda era el agua, por ser el más pequeño, pero sabíamos que no se atrevería; así que Ale se quitó los zapatos y las medias para intentar meter los pies, llegando a meter una pierna hasta la rodilla.

—Pues la corriente no es fuerte y el agua no está tan fría —resumió.

—Métase, Nacho, nosotras lo agarramos —le dije—, además usted sabe nadar.

—No inventen, ¡métanse ustedes! —gruñó.

—Bueno, ¡yo me meto! —dije de pronto—. Pero me tienen que agarrar.

—Venga, Naomi, ¡yo la tengo de la mano! —ofreció Ale.

Sin saber de dónde me salió ese valor, me quité el pantalón de la piyama y metí las piernas apoyándome con los brazos sobre el borde del baúl.

—¡Mis pies sienten el aire! —grité emocionada—. El agua no es profunda o, por lo menos, no me va a tapar.

Intenté sumergirme un poco más. De pronto ya no pude apoyarme en el baúl, me hundí como un pedazo de plomo y solté la mano de Ale.

—¡¡Naooomi!! —gritaron mis primos.

Nacho lloraba y quiso llamar a mi tía, pero Ale, por miedo a que nos fuesen a castigar, le pidió que se quedara callado y tranquilo, le dijo que él se metería en el agua a buscarme y que, en caso de que no saliéramos, entonces sí le avisara a alguien en la casa.

—¡No me deje solo, hermano! —suplicó Nacho, temblando.

—Entonces, venga conmigo —clamó Ale, angustiado—. Si va a saltar, salte de una vez, y si no, se queda aquí, ¡no podemos perder tiempo!

Tras un tira y encoge entre ellos, Nacho se sumergió con una cara de angustia como si un dragón lo halara por las piernas. Ale hizo una nota de papel y la puso sobre la peinadora de mi tía: «Estamos al otro lado del baúl del abuelo».

Cuando caí a través del fondo del baúl se invirtió la posición del mundo: el hacia abajo por el que me hundí en el agua se convirtió en un hacia arriba que me hizo flotar y nadar para un lado, sobre el lecho de un río pedregoso. Estaba en shock al verme allí sola, no podía gritar ni hablar, estaba paralizada en medio de una densa oscuridad. Cuando salieron los muchachos del agua, me volvió el alma al cuerpo.

—¡¡Naooomi!! —gritaron llorando y nos abrazamos un rato hasta calmarnos.

Nos dimos cuenta de que en el fondo del río se veía luminoso el hueco del baúl, sin embargo, el agua de este lado se hizo más profunda; así que nos apresuramos para meternos y regresar cuanto antes. Ale tomó aire, se hundió e impulsándose con brazos y piernas nadó hacia el hueco. «¡Pum!», sentimos el cocazo. Una barrera como de vidrio le impidió entrar. Nacho y yo nos lanzamos también y, con piedras, intentamos desesperadamente romper la barrera sin llegar siquiera a rayarla.

En ese momento escuchamos a mi tía Cali que había entrado al cuarto. Estaba brava por el desorden, el aguatal y, aún más, al ver las cosas del abuelo regadas sobre la cama.

—¡Ya vinieron estos muérganos sutes a echar vaina! ¡Mire cómo volvieron esto y sacaron las cosas de Patro, caramba! —exclamaba furiosa mi pobre tía, mientras comenzó a meter las carpetas amarillentas en el baúl, como si no viera el agua en el fondo y como si no nos viera golpeando con desespero la barrera.

Nos rendimos. El cuerpo no nos daba para más, nos arrastramos llorando hasta la orilla, hasta que el sueño nos venció.

Al despertar, tuve una sensación extraña, podía mirar en todas las direcciones y podía sentir el aire frío a mi alrededor, como si estuviera desnuda. Me asusté y quise levantarme, pero no sentía mis brazos ni mis piernas. Aun así, mi cabeza se elevó o, por lo menos, pude percibir el suelo e intenté gritar.

Nacho y Ale despertaron. Los escuché quejarse por mi ruido, sin embargo, no podía verlos, al menos sus cuerpos; sus voces provenían, respectivamente, como de una fogata y de una bola de rayos eléctricos, no estaba segura. También ellos intentaron gritar y armamos otro zaperoco emocional.

—Usted es invisible, Naomi —dijo Ale, como con interferencia en la voz.

—Yo la veo. Bueno, parece un bombillo —dijo Nacho—, ¡como una «lucérgana»!

—¡Luciérnaga! —corregí—. Pues usted es como una bola de fuego, y Ale parece un pompón eléctrico.

Distraídas en la contemplación, nos asustó el ladrido de un perro que dejó caer de su hocico el muñeco tuerto que Nacho había arrojado por el baúl. Para nuestra tranquilidad, el perro movía la cola y ladraba con simpatía. Daba vueltas ladrando, como invitándonos a jugar. Era un hermoso golden retriever, como sacado de una revista de modelaje para perros.

Con la tranquilidad que nos dio el perro pudimos dedicarle atención al lugar en donde estábamos. Era un bosque apretado, con poco acceso hacia el cielo que estaba iluminado suavemente por un sol naciente. Todo lo percibíamos de otra manera. Era como si pudiésemos abarcar la totalidad del paisaje. No mirábamos ni escuchábamos simplemente: sentíamos lo que había, como si todo fuese parte de nuestro ser. Era un mar de sensaciones que al principio nos aturdió, y luego fuimos controlando, hasta alcanzar un poco de calma interior.

—¡¿Brandon?! —llamaron no muy lejos.

El perro dio la vuelta y salió corriendo. Intentamos escondernos, pero, al acercarnos, echamos como chispas y sentimos quemaduras, como las que hacen las luces de bengala en la piel de las manos.

—¡¿Hola?!— percibimos las mismas voces. Se trataba de una niña y un niño, al parecer, responsables del perro.

El niño tendría la edad de Nacho, vestido de azul, con cabello, ojos, zapatos y tirantes del mismo color. La niña, algo menor, lucía un vestido rosa corto, medias panty y pantaletas también rosa, adornadas con abundantes volantes que formaban como unos repollos en la parte trasera. Su cabello rosa largo fluía suavemente, con ondas que se deshacían detrás de sus orejas, asemejándose a un racimo de canolis rellenos. Tanto las uñas como la boca estaban pintadas de rosa. Eran criaturas fantásticas, de una belleza y perfección perturbadoras, con la piel pálida en ese tono suave característico de las ranas plataneras.

—¿Quiénes son ustedes? —nos preguntaron con serenidad.

Lo que nos sorprendió fue que nuestra presencia no les asustase. Nunca supe cómo me veían, pero si veían a Nacho y a Ale como yo los percibía, en su lugar, yo me habría asustado. En ese momento, me hice consciente de lo asustadiza que podía ser.

No hablábamos propiamente en nuestra nueva forma. Creo que solo pensábamos. El perro Brandon, la niña y el niño podían escuchar o percibir nuestros pensamientos como palabras: esa voz interior que cada persona escucha en su mente. La verdad es que nunca me acostumbré a la ausencia de mi cuerpo.

—¡¡Niños!!— llamó dulcemente una señora.

La niña, el niño y Brandon atendieron su llamado. Sin comentar nada decidimos seguirles. El niño se adelantó corriendo para llegar primero y la niña caminaba dando saltitos, tarareando una canción. Fuimos saliendo del bosque y acercándonos al jardín de una casa preciosa. También su perfección y belleza eran muy marcadas, era como una mansión de esas blancas con ventanas con techitos propios cuyas puntas se enrollan como el mostacho de un francés y con columnas de parlamento coronadas con flores de yeso.

—¿Nuevas amistades? —preguntó la señora a la niña y al niño.

Esa mujer era igualmente un ser increíble. Tenía el cabello trigueño, peinado como el de una reina, y la piel pálida, como si estuviera enferma. Calzaba zapatos negros brillantes, con tacones altos y delgados como dos clavos. Su cintura de avispa le confería la silueta de un reloj de arena, equilibrada por la falda en la parte inferior y por la blusa escotada en la parte superior, cuyo corte tenía la longitud adecuada para dejar ver su belleza sin dañar su gracia.

—Brandon les encontró en el bosque, mamá. ¿Pueden quedarse? —dijo el niño.

Por lo visto, nuestra forma física no sorprendía a nadie allí. La señora sirvió torta de chocolate a la niña y al niño. No sentimos ganas de comer, y la señora tampoco nos ofreció torta, seguramente sabía que seres como nosotras, que parecíamos antorchas, no podíamos comer: no teníamos nariz, ni boca, ni ojos, ni orejas.

La casa de esta familia estaba impecablemente limpia, ordenada y decorada. El perro, que se comportaba con obediencia, estaba echado no muy lejos de la mesa. La niña comía con modales armoniosos. El niño, en cambio, era menos ordenado.

—¡Varón tenías que ser! —sonrió la señora mientras le daba una servilleta.

De pronto, Brandon ladró y salió rápidamente, regresando al rato con un señor. Ya ni les digo, pero también era un hombre de fantasía. Los dientes blancos, alineados e idénticos. La piel de color apio, alto, acuerpado, con la voz profunda como si tuviera un cajón en la garganta y algo como una energía estremecedora que me hizo sentir que debía admirarlo y temerle al mismo tiempo.

—¿De dónde nos visitan? —preguntó.

—De Mérida —dijo Nacho.

—¿Mérida? Hay varias Mérida en el otro mundo, ¿cierto?

—Sí —confirmó Ale—, caímos al río por accidente y no pudimos volver.

—¡Nadie nos visita por accidente, muchacho! —aclaró el señor, acercándonos la cara con una sonrisa medio falsa que nos incomodó.

—Esta gente es como muy rara, ¿verdad? —susurró Ale.

—Yo me quiero ir a mi casa —gimoteó Nacho.

—¿Ya vuelven al bosque? —interrumpió el señor—. ¿Cómo les parece el Mundo de las Ideas? —nos preguntó.

Salió de la cocina y su familia magnífica lo siguió hacia la sala. El señor se sentó a leer el periódico. La señora se sentó a bordar un pañuelo. La niña jugaba con una casita de muñecas y el niño con un tanque de guerra. El perro echado reposaba la cabeza sobre sus patas delanteras. Nosotras nos desplazamos al patio.

Según el señor perfecto, nos encontrábamos en el Mundo de las Ideas. Todas las ideas comunes y deseadas entre muchas personas del Mundo Real existían allí. Su familia era una familia ideal, específicamente una familia ideal europea o estadounidense. Su esposa era una mujer ideal. Sus hijos, su perro, su casa... incluso él mismo era un hombre ideal, de esos que se dicen blancos, aunque su piel era de color, porque ese tono de apio también es un color.

En aquel Mundo de las Ideas no había sufrimiento: todo era ideal. No había personas zurdas, ni gordas, ni esqueléticas. No había personas sordas ni mudas. No había personas ciegas, ni tuertas, ni estrábicas. Todas las personas podían caminar: no había personas rencas, ni cojas, ni mochas. Los varones se convertían en hombres y las hembras en mujeres. Los hombres se enamoraban de las mujeres y las mujeres de los hombres, siempre de la misma raza, por ello tampoco había gente mestiza ni zamba ni mulata.

—Entonces, papá y mamá no pueden venir para acá —infirió Nacho—, porque mamá y papá son personas sordas que usan la lengua de señas.

—Tampoco la tía Nana —agregó Ale—, porque Nana es gordita y tiene limitaciones intelectuales, luego de que su cerebro se dañara por una fiebre muy alta.

—Tampoco el tío Nene —dije yo—, porque mi tío Nene es mestizo y está casado con otro hombre.

El señor nos invitó a conocer la ciudad, llamada Eidos, para aprovechar y asistir al concierto que daría la inigualable cantante Lumina Formosa en el espectacular Club Metafísico. Al principio estábamos estresadas, pero, luego de desplazarnos un poco, percibimos a lo lejos la impresionante ciudad: limpia, colorida, armoniosa, con amplias calles y avenidas, sin colas, sin humo, sin semáforos, sin malandros, sin policías.

En la ciudad existían seres de todas las formas imaginables y por imaginar. Personajes de cuentos, leyendas, novelas, obras de teatro, poemas, pinturas, esculturas, telenovelas, series de televisión, videojuegos y películas del cine vivían allí, alimentándose de la admiración de las personas del mundo real. Vimos al Silbón y a la Llorona sentados tomando café; nadie les tenía miedo: tampoco nosotras.

Entramos al club donde la familia ideal euroblanca se quedaría disfrutando del concierto ideológico. Entre el público se encontraban familias ideales de otras culturas. Había una familia ideal musulmana: un papá con tres esposas al cuidado de once niñas y niños; una familia ideal china, que solo tenía un bebé; y una familia ideal yanomami, que era una caterva de gente: varias mujeres, varios hombres y una decena de niñas y niños que no sabían quién era su papá.

—¿No estarán aquí Messi o Cristiano Ronaldo? —preguntó Nacho.

—No creo, hermano, esos bobolongos no son perfectos —burló Ale.

—¡Claro que sí! —refutó Nacho, expandiéndose en llamaradas.

—Me parece que no, porque son seres reales —razoné—. Tal vez por eso no tenemos cuerpo, a lo mejor ellos sí pueden estar aquí, pero así como nosotras, sin cuerpo, porque nuestros cuerpos no son ideales.

Seguimos discutiendo sobre las rarezas de aquel mundo y nos desplazamos a un parque espléndido, con jardines repletos de flores, árboles idénticos hasta en la cantidad y la forma de sus ramas, pájaros de todas las especies trinando con armonía eclesiástica como en un concierto sinfónico del Sistema. La exorbitante belleza lentamente nos empalagaba.

En el parque había una fuente con chorritos de agua que se hacían grandes o se hacían chiquitos, al ritmo del canto de los pájaros. Junto a la fuente estaban tres señoras sentadas, una de ellas tenía una venda sobre los ojos. Tenían vestidos blancos muy modestos, en comparación con todo el colorido y la exuberancia del Mundo de las Ideas.

—Yo soy la Justicia y no soy ciega como creen —nos dijo—, uso esta venda cuando me consultan sobre un problema entre personas para no ver quiénes son, de manera que mi juicio sea imparcial, es decir, que no me dejo influenciar por las personas.

—Yo soy la Democracia —dijo la otra, levantándose—. Gracias a mí las personas pueden tomar decisiones colectivas para convivir en armonía y con respeto —dijo agitando el puño izquierdo hacia arriba y entonando la voz como dando un discurso.

—Y yo soy la Libertad —dijo la tercera, dando giros como una bailarina de ballet—. Gracias a mí, la gente puede hacer lo que le da felicidad...

—¡¡Aauuu!! —chilló la Democracia, adolorida porque la Libertad le dio un pisotón mientras bailaba.

—Bueno, ¡no todo lo que les da felicidad! —aclaró la Justicia—: ¡la Libertad debe bailar sin pisar el derecho de las demás! —Y nuestras risas se manifestaban como una refulgencia.

Avanzamos en nuestro recorrido dejando a esas señoras tan graciosas. Vimos un arco enorme y radiante que con letras mayúsculas doradas anunciaba: «PARAÍSO». Adentro había ángeles de todas las razas, que con alas emplumadas sobrevolaban a nuestro alrededor como hacen los zamuros.

—Mi abuelo decía que nuestra casa en La Pedregosa era el paraíso —recordó Ale.

Fue entonces cuando lo vimos: ¡era mi tío, el abuelo Patro! Él también nos reconoció y se nos acercó.

—¿Qué hacen estos pajaritos por acá? —nos preguntó.

—¡¡Abueeeloo!! —exclamaron intensamente los muchachos, llenos de alegría.

—Nos metimos en su baúl, tío —expliqué.

—¡Ah, muchachos pa' muérganos! ¡Cómo estará esa gente allá en la casa!

El abuelo nos condujo por el Paraíso. No nos dijo nada del baúl ni cómo era posible que pasara lo que estaba pasando. Nos llevó a conocer a su mamá, la bisabuela Teófila. También pude conocer a mi tía Gisela y a muchas otras personas cuya vida en el Mundo Real había terminado, como Argelia Laya, Teresa de la Parra y el cacique Murachí. Teníamos tantas emociones al mismo tiempo que Nacho soltaba llamaradas, Ale daba centellazos y yo emanaba ondas expansivas, tumbando cosas a mi alrededor.

—¿Quieren ver a Papá Dios? —ofreció el abuelo.

En los adentros del Paraíso, se elevaba una colina en cuya cúspide había un templo portentoso destinado como residencia de las divinidades. No solo Dios estaba allí. De hecho, nos dimos cuenta de que Dios no era el único dios: había muchos dioses y también diosas.

El dios del que hablan mi mamá, mi papá y la abuela es el dios hebreo YHVH, cuyo nombre no se debe pronunciar. También estaban el Ches, que es el dios de la gente que vivía en Mérida antes de la invasión hispana; Yara, una de las Tres Potencias, que también llaman María Lionza; la bella diosa Oshún de la gente africana yoruba; el profeta Mahoma, que sigue la gente musulmana; la diosa egipcia Isis, extendiendo sus enormes alas; la diosa germánica Ostara, que se convertía en conejo cada vez que estornudaba porque era alérgica al polen… ¡Hasta el finado Machera estaba en ese templo!

Seguimos recorriendo y encontramos un pesebre donde estaba el Niño Jesús. Bueno, había varios: unos pequeños que los cargaban diferentes vírgenes Marías, otros más grandes. Ese pesebre parecía una guardería. Incluso vimos a ese Niño Jesús escalofriante que duerme recostado sobre una calavera. Aparte de los niños Jesús, también había varios Jesús ya adultos. Hubo un momento en que sentí que me iba a volver loca en aquel berenjenal de nazarenos.

—Miren, paisanitos, tienen que regresar rápido a la casa. Esa gente debe estar echando candela sin saber de ustedes —advirtió el abuelo Patro.

—Yo dejé una nota encima de la peinadora, abuelo —dijo Ale—, seguro que la abuela ya la vio. Ciertamente, la tía Cali vio la nota y, en su angustia, volvió a vaciar el baúl, pero ante sus ojos no se presentaba el agua en el fondo. Le contamos al abuelo que el hueco del baúl en el río estaba bloqueado. Él se encargó de preguntar qué podíamos hacer para regresar.

—¡Todo tiene solución, menos la muerte! —anunció el abuelo sonriendo.

Le indicaron que en alguna parte de las galerías en el sótano del templo se hallaba encerrada una entidad llamada Arkán, capaz de conectar el Mundo de las Ideas con el Mundo Real y que solo una persona que haya dejado la vida terrenal podría liberarla. Nos fuimos con el abuelo al sótano del templo y comenzamos a recorrer las galerías que formaban un laberinto de tenebrosos túneles.

—No se me achanten que el tiempo es oro —animaba el abuelo, que siempre caminaba ligero.

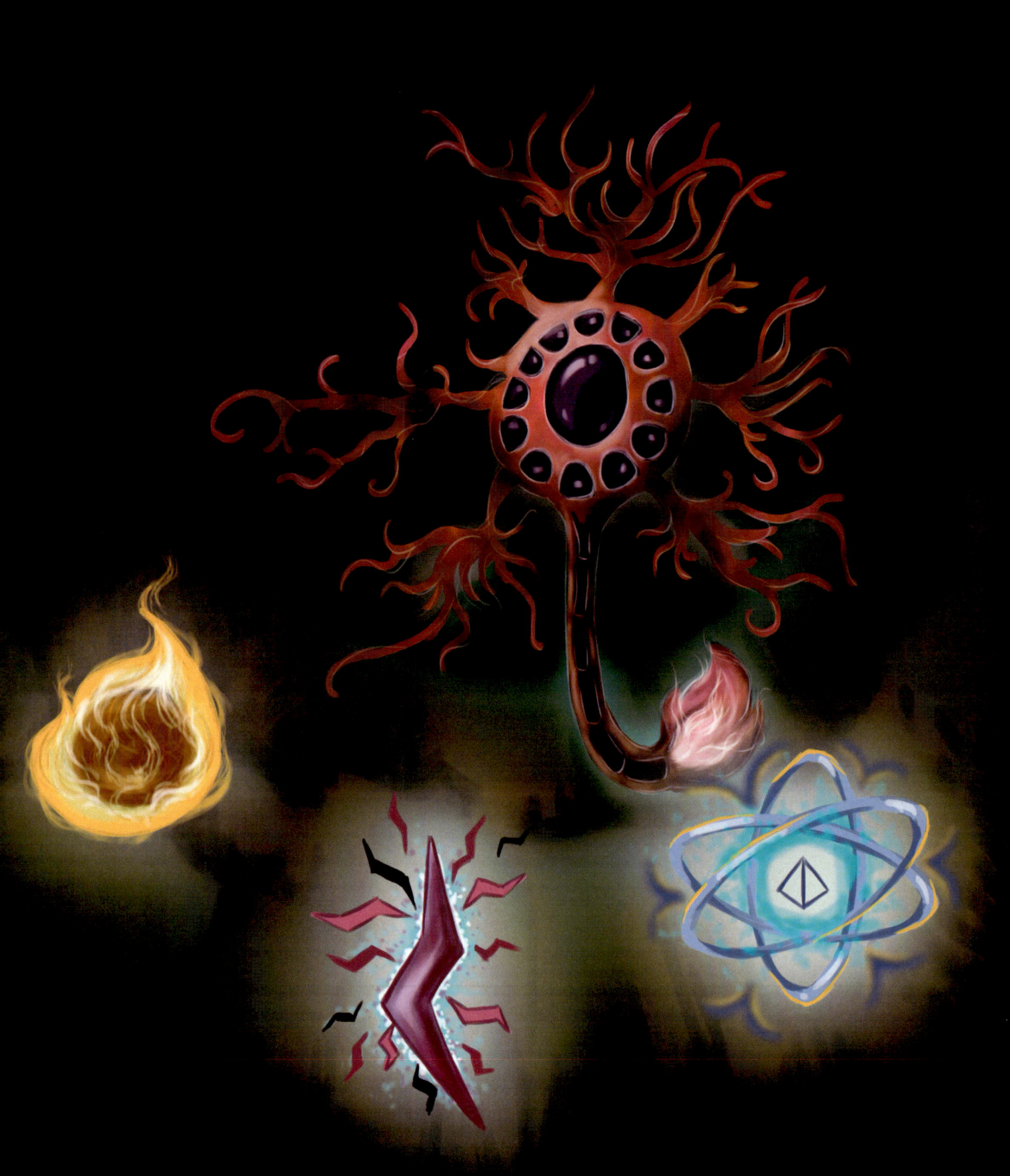

El fuego de Nacho, la electricidad de Ale y mi radiación iluminaban los túneles, sin embargo, a medida que avanzábamos, nos íbamos debilitando. Hacía más y más frío, parecía que las antiguas bóvedas de piedra absorbían cada rayo de energía. Cuando finalmente encontramos la mazmorra donde se encontraba Arkán, nuestra energía se había minimizado tanto que no podíamos movernos más.

Arkán era un ser sin forma propia, atrapado en una pieza rómbica de gas cristalizado por la extrema presión que ejercían sobre ella dos diamantes inmensos, amarrados con cuerdas metálicas delgadas, tensadas como las cuerdas de mi violín. Fue capturado por los dioses del Mundo de las Ideas, nos contó el abuelo, porque Arkán es la fuerza humana del conocimiento y la sabiduría confinada en la oscuridad de la ignorancia. Solo el abuelo Patro mantenía sus fuerzas intactas, a pesar del frío y la presión insoportables; parecía que era inmune al campo electromagnético que anulaba incluso la fuerza de gravedad en aquel rincón del templo.

—Bueno, ¡hasta aquí nos trajo el río! —dijo solemne el abuelo—. Por haber dejado abierta la puerta del baúl antes de irme pa' Mesa Seca, solo yo puedo romper las cuerdas, para que el arcano salga y conecte la realidad con este mundo fantasioso que es el que nos meten en la cabeza. Nunca olviden esta visita y, sobre todo, nunca olviden que este viejo los amó en vida y los seguirá amando siempre.

Seguidamente, el abuelo entró a la mazmorra pisando y moviendo las cuerdas que, de un tirón, se rompieron, liberando la presión y la energía, destruyendo los diamantes y licuando la pieza de gas cristalino donde estaba Arkán, la cual se esfumó en el aire junto con el abuelo.

Sentimos mucho dolor al ver eso, pero al mismo tiempo, recuperamos nuestra energía de golpe y volvimos a brillar, incluso con mayor intensidad. Arkán se elevó delante de nosotras, tomando una forma corporal impresionante, y nos dijo:

—Es hora de poner las cosas en su lugar, valientes: ¡síganme y peleen! —Y salió disparado como un cohete.

No entendíamos qué estaba pasando, pero cuando salimos del sótano del templo, vimos a Arkán luchando con el dios hebreo que de pronto se convirtió en un becerrito y salió dando brincos, berreando.

—¿Sabían que ese dios fue inspirado en un toro? —nos dijo Arkán, presumiendo.

Una batalla horrorosa se había desatado en el Mundo de las Ideas: todas las entidades ideológicas atacaban a Arkán y luego también nos atacaron a nosotras. Nacho fue el primero en reaccionar automáticamente al recibir golpes del señor perfecto y, como un dragón, exhaló una llamarada voraz que le quemó la ropa y lo convirtió en un hombre barrigón, calvo, sin gracia, como un huevo sin sal.

Brandon, el perro ideal, se había convertido en un lobo rabioso y saltó sobre Ale intentando morderlo salvajemente, hasta cuando Ale soltó una descarga que lo transformó en un híbrido de salchicha con chihuahueño. La niña y el niño se enfurecieron y atacaron a mis primos, pero no pude seguir su pelea porque la señora perfecta me golpeó duro con un sartén de hierro.

Aquello me indignó tanto que, concentrando toda la furia que sentía en el centro de mi ser, liberé una onda expansiva que arrasó con el Mundo de las Ideas por completo. Todas las concepciones idealistas se redujeron a simples y puras formas reales. La Justicia huyó perseguida por una turba de gente liderada por la Libertad y la Democracia. Incluso vimos cómo de la boca de un diablo danzante salieron una culebra que huyó hacia el monte, un lucero que se elevó al cielo y un muchacho con cuernos, patas y cola de cabra, que se fue por el bosque dando brincos, tocando una flauta.

Entonces recordé lo que realmente teníamos que hacer. Convoqué a los muchachos para volver al río donde estaba el hueco del baúl. Ya situadas en la orilla, observábamos el hueco iluminado en el fondo, podíamos percibir a las abuelas, a nuestras mamás y papás en su angustia. Incluso llamaron al sobrino policía de mi tía Cali, porque ya teníamos dos días sin aparecer. Sin embargo, cuando intentamos entrar al agua, no podíamos sumergirnos. Con Nacho, el agua se evaporaba primero y luego lo dejaba sin aire, Ale se esparcía entre los iones conductores del agua hasta sentir que se desmayaba y yo, con mi radiación, me disolvía rompiendo las moléculas del agua. Finalmente, Arkán nos alcanzó.

—Así no deben volver al Mundo Real, ¿se imaginan el desastre? —nos dijo como sonriendo—. Queda poco tiempo para el colapso total de este universo. Voy a invertir el proceso que transformó sus cuerpos con las últimas fuerzas que me quedan y entonces, uno tras otro, se lanzarán al agua. Metan primero las manos en el baúl, se agarran de los bordes y se impulsan hacia afuera, ¿entendido?

—¡¡Sí!! —celebramos, sintiendo lentamente el retorno de nuestros cuerpos, nuestras manos, nuestras piernas.

Nacho fue el primero, luego yo y, de último, Ale. El susto de la familia en el cuarto de mi tía fue enorme: ¡Nacho surgió de golpe, asomando medio cuerpo empapado y agarrándose duro de los bordes del baúl!

—¡¡Virgen Santísima!! —exclamó mi abuela; de inmediato mi papá agarró a Nacho y lo terminó de sacar. Tras él salí yo sola: radiante y triunfadora.

Habiendo salido Ale con ayuda de su papá, el fondo del baúl volvió a ser el fondo seco de madera forrado con papel adhesivo que era. Nunca nos habíamos sentido tan felices por estar de vuelta en aquel espacio sencillo donde transcurrían nuestras vidas imperfectas. De mirar, escuchar, oler y sentir en cada segundo nuestra dichosa existencia.

Desde entonces contemplamos este mundo de otra manera: Nacho nunca más tuvo miedo a la oscuridad, porque sabía que allí nadie lo observaba; Ale encontró en nuestra experiencia la respuesta a todas sus dudas, y yo comprendí que la gente verdadera, como mi familia, aunque no sea perfecta, no necesita serlo para hacerme sentir este amor tan grande que siento por ella. Desde aquel día, nos dedicamos a aprovechar cada momento del tiempo de vida que nos queda, antes de irnos para Mesa Seca, como se fue el abuelo.

José Contreras-Quintero